1ª Edição

Noções de
Filosofia do Direito

*Direitos autorais reservados para
Rafael Augusto De Conti*

**Noções de
Filosofia do Direito**

Segunda Edição, 2023

Versão espaçamento 1.15

*Para aquisição de outros livros visite:
rdc.pro.br/livros*

Editor: Rafael Augusto De Conti
São Paulo / Brasil

§

FILOSOFIA

Noções de Filosofia do Direito

§

Noções sobre Natureza, Cultura, Paz, Moral, Razão, Poder, Estado, Interpretação, JusRacionalismo, JusPositivismo, Ciência, Fato, Valor, Norma, Eficácia, Legitimidade, Técnica, Ética, Direitos Humanos, Aristóteles, Hobbes, Kant, Kelsen, Reale

Em Filosofia, a importância das questões supera a das respostas, as quais, como todos sabemos, mudam-se com o tempo e com os autores. Nas reflexões que seguem, busco refletir criticamente sobre as temáticas da Filosofia do Direito[1]

---

[1] Tomei como itinerário os pontos do Edital de seleção para a Pós-Graduação, da Faculdade de Direito, da Universidade de São Paulo; não pretendo, nesta pequena obra, explanar como os professores, desta Instituição, pensam sobre as temáticas da Filosofia do Direito aqui apresentadas, tarefa que, ao meu ver, não deixa de ser interessantíssima e necessária para aqueles que pretendem ingressar no mundo acadêmico. O que pretendo é, apenas, fazer pensar.

Índice

1. A Ciência Dogmática do Direito na atualidade: O Direito como instrumento decisório............................... p. 7

2. Norma e Ordenamento: o Ordenamento como sistema dinâmico no Estado Moderno............................ p. 13

3. A Ciência do Direito como Teoria de Interpretação. Função Racionalizadora da Hermenêutica. Função Social da Hermenêutica.................................... p. 18

4. A Teoria Pura do Direito de Hans Kelsen: seus objetivos....................... p. 22

5. A Teoria Tridimensional Específica e Dinâmica de Miguel Reale................ p. 26

6. O Poder e a Nomogênese Jurídica...... p. 29

7. Racionalidade e Burocratização:
Direito na sociedade capitalista............. p. 32

8. Eficácia do Direito e Legitimidade da
Ordem Jurídica.....................………… p. 37

9. O Direito como Técnica e como
Ética..........……………………….......... p. 41

10. O Fundamento Axiológico dos
Direitos Humanos e sua Vigência
Universal..........……......…………….... p. 46

Adendo. A Arte de Questionar (para
melhor entender elementos de justiça)
...................................………….......... p. 49

*
* *

1. A Ciência Dogmática do Direito na atualidade: o Direito como instrumento decisório

1.1. Dizer o Direito para pacificar

§1. O Direito, enquanto conjunto de normas, positivadas ou não, que impõem obrigações, restringindo a liberdade dos indivíduos, é instrumento decisório na medida em que resolve, tomando-se como exemplo um caso de litígio patrimonial, o que é de um e o que é de outro. O Direito, assegurado pelo Estado, neste sentido, é aquilo que possibilita a própria existência da propriedade.

§2. Ao dizer o direito, que deve ser aplicado a um caso em concreto, exercendo a *juris dictio*, o Juiz decide um confronto entre duas ou mais pessoas que, se fosse resolvido pelos próprios particulares, poderia resultar em um processo eterno de vingança entre as partes litigantes. O dizer o direito, portanto, envolve imparcialidade, ponderação, sendo, justamente para se afastar das próprias paixões que engendram julgamentos parciais (porque fortemente emocionais), que as partes em conflito, por uma imposição racional, devem, para melhor se preservarem, procurar se submeter a um terceiro no julgamento de suas controvérsias, seja este terceiro um juiz ou um árbitro.

1.2. Moral, Direito e Decisionismo

§3.   Não obstante a imparcialidade oriunda da distância e não envolvimento emocional com o conflito, a decisão, que diz o direito que deve ser aplicado a um determinado caso em concreto, possui um elemento moral, que se acostumou, na prática forense, a ser escondido debaixo da toga dos juízes. A moralidade, no sentido aqui almejado, envolve valores. Assim, o Direito, enquanto instrumento de decisão, está sujeito a certo governo dos valores e costumes, seja em um sistema jurídico de Common Law, seja em um sistema de Civil Law.

1.3. Razão, Direito e Decisionismo

§4. Já no nível lógico, a decisão de quem diz o direito, que deve ser aplicado a um determinado caso em concreto, envolve coerência, linguagem, escolhas racionais e quantitativas, o que justifica, neste último caso, o surgimento da área de Law & Economics, segundo a qual as normas oriundas de um contrato, ou mesmo de uma lei emanada pelo Estado, devem possuir um fundamento econômico que maximize benefícios. Preservação da coerência interna do sistema e de sua principiologia, identificação e ataque a interpretações que engendrem anti-nomias também fazem parte das finalidades relativas ao decisionismo jurídico. Neste sentido, o Direito, enquanto instrumento de decisão, aproxima-se da experiência científica. E, consequentemente, podemos dizer que as teses jurídicas, explicitadas pela Doutrina e pela Jurisprudência, possuem validade apenas enquanto outras não as derrubem.

§5. Interessante também notar que, se pensarmos em Ciência do Direito, podemos dizer que o Direito, considerado enquanto Direito

Racional, é um conjunto de normas que são constitutivas de nossa razão e as quais podem ser consultadas a qualquer momento, observando-se que, muitas vezes, as normas da razão, assim considerada, por exemplo, a equidade, tem o poder de modificar as normas positivas. Mas se pensarmos em Ciência Dogmática do Direito, esta dogmática deve ser entendida apenas como Ciência que toma como objeto o Direito Posto, não considerando o Direito Pré-Suposto, o Direito Racional.

§6. A Ciência do Direito, que tem seu campo de atuação em um nível lógico (pelo qual, por exemplo, deve-se observar o princípio da imparcialidade do jugador de um litígio), consiste em apenas uma das partes que geralmente são consideradas para se decidir uma questão jurídica. A outra, a influência dos valores, muitas vezes permanece velada, apesar de igual importância possuir.

1.4. Poder que garante a decisão jurídica

§7. Interessante notar que, em estado normal, pacífico, de convivência entre os cidadãos de um Estado, o Poder Judiciário, por meio de seus magistrados, é o que possibilita o Direito figurar como instrumento de decisão na resolução de problemas, ao lado da Política exercida pelo Poder Legislativo e da Administração exercida pelo Poder Executivo, as quais também solucionam problemas, mostrando-se como outros instrumentos decisórios (afinal, vota-se em um ou outro projeto de lei e estabelece-se um ou outro plano de governo).

§8. Porém, em estado de exceção, pela necessidade de concentração de poder para rapidez na tomada de decisão em defesa da vida do Estado, a Política é quem acaba figurando como instrumento de decisão principal no restabelecimento da Ordem ameaçada, apesar de, contemporaneamente, as normas cosmopolitas, globais, garantidas por Organizações Internacionais, já serem certo impedimento para a Política de Estado que agrida a comunidade mundial, causando conflito no cenário internacional.

§9. O Direito, assim, pressupõe a existência do Estado para poder ser instrumento decisório para seus cidadãos, assim como a comunidade global depende da existência das Organizações Internacionais, e da força por estas detida, para fazer o Direito funcionar como instrumento decisório em âmbito cosmopolita. O Direito, mesmo na sua acepção mais racional-lógico-positivista, só decide, resolvendo um impasse, quando ao lado dele há força que o garanta.

*
* *

2. Norma e Ordenamento: o Ordenamento como sistema dinâmico do Estado Moderno

§10. A Norma é obrigação, imposição, presença de impedimento. O Ordenamento é a ordem, organização, das Normas.

§11. Basicamente, podemos dizer que tanto a Norma quanto o Ordenamento possuem dois planos básicos, sendo um deles o plano da Natureza e o outro o da Cultura. Assim, se, por um lado, podemos dizer que a gravidade é uma lei, uma norma natural, que faz parte de um Ordenamento a que denominados de Cosmo, sendo a Ciência que a estuda a Física, podemos dizer, por outro, que determinados modos de se cumprimentar uma pessoa são oriundos de normas culturais, que faz parte de um Ordenamento a que denominados Costume, sendo a Psicologia e a Antropologia algumas das Ciências que estudam estas normas culturais.

§12. O Direito, enquanto organização de normas em um Ordenamento, pode ser considerado tanto no plano natural como no cultural. Por este, o Direito possui normas que independem do tempo, que são universais, que são naturais. Tais normas, já foram consideradas fazendo parte, inclusive, da nossa estrutura racional (JusRacionalismo). E pelo plano cultural, o Direito possui normas historicamente construídas, seja por leis positivas ou consuetudinárias.

§13. Quando consideramos o aspecto histórico-cultural do Direito enquanto organização de normas construídas em um Ordenamento, a conclusão que se impõe é de que tal Ordenamento é dinâmico. Ao não ser estático, o Direito, consequentemente, modifica-se, ou, melhor dizendo, é modificado pelo ser humano. Por isto, podemos dizer que o Direito é depurado por um longo processo de maturação de interpretações e testes de coerência das normas que são produzidas por nós.

§14. Normas são criadas, modificadas e extintas; e o processo pelo qual isto ocorre tem que observar um sistema, o que implica em observar os princípios e a estrutura deste sistema. O aspecto lógico-racional do Direito, assim, ganha destaque, apesar de, tendo em vista este processo dinâmico de auto re-construção eterna, alguns poderem compreender o Direito mais como um organismo do que como uma máquina a serviço do ser humano, a qual este controla e modifica com vistas a seu próprio benefício.

§15. O Estado Moderno é o ambiente em que esta noção de sistema é mais ressaltada. Isto porque, o seu surgimento é concomitante ao surgimento de uma teoria contratualista, segundo a qual quem faz as normas que governarão os cidadãos o deve fazer no interesse destes, porque destes o legislador ganha autorização (e consequente legitimidade) para produzir leis. A observância de tais interesses dos cidadãos, com o decorrer do tempo, ganhou mecanismos jurídicos para sua proteção, sendo um deles, por exemplo, a constante verificação das normas com os princípios orientadores do Ordenamento Posto ou das normas entre si. A verificação da constitucionalidade de uma lei expressa esta idéia de Ordenamento como sistema dinâmico, bem como, a idéia de que o próprio sistema em si garante maior segurança do que o simples arbítrio do soberano.

§16. Importante notar que, quando consideramos a noção de sistema, devemos considerar a noção de divisão e a noção de hierarquia. No sistema do Estado Contemporâneo, a Constituição, e a Ordem por ela imposta, figura como o nível mais alto e estruturante do sistema. Por uma perspectiva internacionalista, também é possível dizer que as normas emanadas de órgãos internacionais é que constituem o topo da hierarquia. Normas que atentem contra a Ordem Constitucional e Internacional são normas que, se conseguiram ser processadas legislativamente, serão extintas pelo sistema, mais cedo ou mais tarde.

§17. Porém, é importante notar também que a coerência do Ordenamento não é atinente apenas à produção, modificação ou extinção de normas, mas a aplicação destas. E, neste ponto, o Ordenamento enquanto sistema dinâmico pode entrar em curto-circuito, tornando-se inoperante, em alguns casos. Isto ocorre quando nos esbarramos na questão crucial dos conflitos de direitos fundamentais. Ao ter a oposição de dois direitos garantidos constitucionalmente, em que apenas um deles pode ser aplicado ao caso em concreto, apesar de, logicamente, os dois poderem ser aplicados de acordo com a coerência do sistema, ao ter esta oposição, a coerência lógica encontra seu limite. Mas como o Direito é instrumento decisório, o seu operador não se pode dar ao luxo de seguir os céticos e entrar em *Aporia*, Ἀπορία (suspensão do juízo em razão de duas possibilidades auto-excludentes). O operador do Direito deverá, em situações como esta, ir além da idéia de que o Ordenamento Jurídico é apenas um sistema, sendo, justamente neste campo, o campo em que a Moralidade se expressará ao máximo em detrimento da Ciência Dogmática Jurídica, a qual, neste ponto, para alguns, já não mais existirá.

*
* *

3. A Ciência do Direito como Teoria da Interpretação. Função racionalizadora do Hermenêutica. Função social da Hermenêutica.

§18. A interpretação precede a decisão que, por sua vez, precede a ação, sendo esta, portanto, resultado (efeito) necessário (causal) de como compreendemos o mundo a nossa volta.

§19. Interpretar significa distanciar-se de um objeto de análise e se relacionar a este fazendo recortes de sua realidade via adoção de certos dados estáticos e certas variáveis em detrimento de outros.

§20. Pode-se dizer que tais recortes possuem dois mecanismos básicos pelos quais são feitos. Um é relativo aos valores de quem analisa, e de sua consequente mínima parcialidade. Outro é relativo à razão de quem analisa, e de sua busca pela imparcialidade e afastamento das paixões, emoções, humanas.

§21. Interpretar, portanto, significa diferenciar conforme o conhecimento e utilização da razão de cada intérprete e conforme, queiram os positivistas ou não, a história de cada intérprete.

§22. Em razão do mecanismo racional pelo qual nos voltamos sobre o mundo, temos uma Função Racionalizadora da Hermenêutica, ou seja, uma função que visa fazer medições, apurar consistência lógica, calcular, utilizando-se, principalmente, de uma metodologia cartesiana, em que cadeias causais devem ser observadas, não podendo existir um efeito que não advenha de alguma causa. Dizer "o que é" consiste na pedra angular desta função, a qual é predominantemente descritiva e analítica, apesar de, por ela, poder-se defender que há prescrições ditadas por normas as quais tomamos conhecimento pela análise de nossa própria razão.

§23. Já em razão do mecanismo social pelo qual nos voltamos sobre o mundo, temos uma Função Social da Hermenêutica, ou seja, uma função cujo objetivo consiste na transformação histórica. Ação e História, ganham, neste sentido, grande relevância. É importante lembrar que, no mundo jurídico, o Direito é uma espécie de instrumento decisório que visa modificar a convivência entre os indivíduos. A interpretação, neste sentido, deve levar em consideração, por exemplo, na análise de uma norma, os inconvenientes em razão dos quais esta norma foi feita e, consequentemente, da finalidade para a qual esta norma foi elaborada.

§24. Além disso, a experiência dos regimes totalitários já nos mostrou que o puro esquematismo lógico pode servir para dizimar, em massa, seres humanos, sendo a dimensão ético-social, historicamente construída e depurada, aquilo que veda interpretações extremas.

§25. Por fim, vale lembrar que podemos compreender que há uma racionalidade no desenvolvimento histórico, explicitada por um processo dialético de constante questionamento da Ordem que está posta. O eterno processo de negação crítica do que está estabelecido aflora-se na função social da hermenêutica. Dizer "o que deve ser", e "o que não deve ser", é a pedra angular desta função, a qual é predominantemente prescritiva, apesar de envolver a análise do passado, com vistas a evitar-se os erros cometidos, e a análise do presente, com vistas a identificar os meios para se atingir um potencial futuro.

*
* *

4. A Teoria Pura do Direito de Hans Kelsen: seus objetivos

§26. A Teoria Pura do Direito, em sua versão originária, possui uma perspectiva do Direito segundo a qual as normas jurídicas fazem parte da dimensão do que "é", sendo este "é" não algo dado pela Natureza, mas o conjunto de normas emanadas pelo Estado. Neste sentido, para o Direito, a dimensão axiológica, a dimensão daquilo que "deve ser", deixa de ser considerada, assim como a noção de que existe um Direito Pré-Suposto, um Direito Natural.

§27. Ao fazer este recorte, delimitando o objeto de estudo apenas às normas que são postas, o filósofo busca construir uma Teoria pura, na qual é possível eliminar qualquer elemento subjetivo, ressaltando-se uma noção descritiva do Direito (e não prescritiva). Assim, pode-se dizer que interpretação para Kelsen restringe-se ao nível lógico, a apuração da coerência das normas, a verificação da validade objetiva destas. E como esta validade é encarada? A partir da noção de hierarquia que é estabelecida entre uma norma e outra. Uma norma, neste sentido, só será válida se em acordo com as normas que possuem mais força do que ela dentro da ordem jurídica e que são, portanto, capazes de determinar a sua validade. Isto se verifica na relação comparativa entre uma norma infra-constitucional e uma norma constitucional ou na relação comparativa entre uma lei e uma resolução de uma autarquia.

§28. Mas, como aconteceu com o racionalismo cartesiano que obrigou Descartes a encarar a causa primeira de todas as coisas, e como aconteceu com Carl Schmitt, quando de sua busca por quem deve decidir no Estado de Exceção (filósofo este contemporâneo de Kelsen e seu adversário), tal como aconceteceu com estes pensadores e vários outros, Kelsen teve que encarar a causa primeira, ou instância suprema, do seu sistema. Para tanto, tendo em vista que aquilo que pretende fazer é uma teoria pura, o pensador criou a noção de norma fundante hipotética, a qual, como o próprio termo indica, deve ser encarada enquanto um conceito abstrato, e não histórico; tal conceito é expresso pela noção de que existe um fundamento transcendental de conhecimento do Direito, que, ao mesmo tempo, assegura sua validade. Note-se que, para compreendermos a Teoria Pura não importa se os constitucionalistas e os internacionalistas disputem entre si para que a norma fundamental seja a constituição ou o direito internacional; o que importa é que deve haver um fundamento hipoteticamente posto, cuja validade não se discute.

§29. Consequentemente, pode-se dizer que, de acordo com Kelsen, o Direito acaba por se fechar em um sistema que se transforma por regras internas a si mesmo (genericamente, podemos dizer que existem normas relativas a quem pode fazer normas, normas relativas ao modo procedimental pelo qual as normas devem ser feitas, existe um processo de interpretação de normas pelo qual se visa manter a coerência destas com a estrutura da ordem jurídica – que, como já expresso, para Kelsen, sempre será posta), não importando conteúdos, não importando noções de justiça, mas apenas a pura forma. Por isto que os Estados totalitários, ao possuírem os elementos formais que caracterizam um Estado, podem, sob a ótica kelseniana, serem vistos como juridicamente existentes. Não é a toa que Michel Villey irá dizer que jamais se levou tão longe a indiferença aos fins do Direito como Kelsen o fez.

§30. Por fim, podemos dizer que, em Kelsen, o Estado enquanto elemento-chave para a produção de normas (não só no que diz respeito a validade destas, a qual existe apenas quando as normas são corretamente emanadas pelo ente estatal e/ou em consonância com este estão; mas, também, no que diz respeito à eficácia coativa da ordem jurídica) acaba por se confundir com o Direito em si mesmo, o qual, como já expresso, para este pensador, só pode ser Positivo. Assim, o Direito deixa de ser um mero produto do Estado, passando a com este se confundir.

*
* *

5. A Teoria Tridimensional Específica e Dinâmica de Miguel Reale

§31. Consoante Miguel Reale, a experiência jurídica é uma e indivisível, mas possui três dimensões, as quais estão dialeticamente relacionadas, de modo que sem uma as outras não se complementam. As dimensões são os fatos, os valores e as normas; sendo a dialética, que relaciona estas dimensões, um processo de resolução de oposições - destas próprias dimensões (umas com as outras) - por meio de sínteses que as integram.

§32. Considerando que um fato "é", e que um valor "deve ser", o filósofo irá dizer que os fatos são valorados pelos seres humanos na forma de estruturas normativas. A norma, neste sentido, acaba sendo a síntese entre o que "é" e o que "não é, mas deve ser", ou a síntese entre a dimensão dos fatos (Natureza) e a dimensão dos valores (Cultura). Por esta compreensão da experiência jurídica, podemos dizer que, mais do que nas fontes de Kant, Reale bebeu nas fontes de Hegel.

§33. O dinamismo da teoria tridimensional de Miguel Reale está refletido não apenas pela dialética entre as três dimensões constitutivas do Direito, mas, também, pela própria idéia de que o Direito se constrói no tempo, enquanto experiência, a qual, na obra do filósofo, possui uma teleologia, não natural, mas relacionada aos valores, os quais são pertencentes à dimensão cultural, explicitam-se enquanto "dever ser", e se realizam na história ao integrar o fato, construindo a norma (historicismo axiológico).

§34. Por fim, é interessante notar que o Poder, para Reale, é imanente à oposição Fato-Valor, e não uma quarta dimensão do Direito. O Poder, e sua utilização, faz parte do processo nomogenético, enquanto momento deste, não sendo um elemento externo a ele. De acordo com o pensador, os legisladores (em um Estado Democrático), ao valorarem diferentemente um mesmo fato, apresentando diferentes projetos de lei, diferentes soluções, que se cristalizaram em uma norma cogente (ou seja, uma norma cuja força é assegurada pelo Poder Soberano e, portanto, é eficaz), estão tais legisladores a se utilizarem do Poder quando da criação de normas.

* * *

6. O Poder e a Nomogênese Jurídica

§35. De acordo com a teoria jurídico-política de Thomas Hobbes, filósofo inglês do século XVII ao qual, junto com Maquiavel, deve-se o nascimento da Ciência Política, junto com Bodin, deve-se o nascimento da justificação racional do poder soberano e, isoladamente, deve-se o nascimento do contratualismo; filósofo que concilia as duas vertentes mestres de compreensão do Direito: tanto uma vertente natural-racional quanto uma vertente positivista; de acordo com Thomas Hobbes, a força do poder estatal, à disposição do soberano, é o que pode garantir aos cidadãos as leis natural-racionais que Hobbes defende existir e que compõem o que podemos denominar de uma dimensão JusRacionalista do Direito (exemplos destas leis são: a necessidade de todos buscarmos a paz, a necessidade do julgamento de conflitos ser realizado por terceiro alheio à controvérsia, a necessidade de respeito aos contratos feitos com outrem, a necessidade de obediência às leis emanadas pelo soberano).

§36. Nesta mecânica hobbesiana, o que é importante notar é a dependência de um poder irresistível (soberano) para que o Direito se torne eficaz. O *Fiat Lux*, engendrado pelo ser humano, que cria o Estado, é o que cria, ao mesmo tempo, o nascimento da eficácia da norma jurídica, seja ela natural ou positiva. O poder soberano garante o Direito nestas suas duas dimensões.

§37. Assim, podemos dizer que, sem coação, o Direito como um todo tornar-se-ia inoperante quando normas fossem desrespeitadas; desrespeito este que a experiência nos mostra corriqueiramente acontecer.

§38. Após a reflexão, acerca da relação entre poder e norma, com base na filosofia de Thomas Hobbes, torna-se interessante fazer esta reflexão também com base na filosofia de Miguel Reale, a qual está tecida no último parágrado do tópico anterior (*5. A Teoria Tridimensional Específica e Dinâmica de Miguel Reale*). Isto porque, enquanto a filosofia de Hobbes possui um viés de prevalência da Política sobre o Direito (na medida que, de acordo com seu pensamento, a decisão do soberano pode suspender a Ordem Jurídica e este soberano não ser punido mesmo quando atenta contra as leis naturais, pois não há força capaz disto – Estado em que o Poder é Absoluto, no sentido de estar acima de Valores e Normas Positivas); já a filosofia de Reale possui um viés de prevalência do Direito sobre a Política (em que o Poder é apenas um momento da criação da norma, o qual é imanente a interação do Valor com o Fato na construção desta; estando atrelada a utilização do Poder, neste sentido, a dimensão axiológica daqueles que criam a norma em um Estado Democrático - Estado em que o Poder não é Absoluto, no sentido de estar abaixo dos Valores e a estes servir quando da construção das normas positivas).

*
* *

7. Racionalidade e Burocratização: Direito na Sociedade Capitalista

§39.   A Burocratização, quando vista sob um aspecto de *Law & Economics*, deve ser encarada como uma lentidão, causada por processos desnecessários, que, ao serem colocados acima dos indivíduos, muitas vezes acabam por causar danos a estes indivíduos. Basicamente estes danos podem ser relacionados com o tempo, que é uma forma de propriedade; como muita burocracia toma muito tempo, racionalizar, neste sentido, acaba por envolver diminuição de custos.

§40.   Porém, esta análise econômica isolada não nos diz muito. É preciso ir um pouco além, de modo que possamos compreender o que é uma sociedade capitalista, como o Estado depende de processos racionais para operar e de como estes processos podem, quando pautados em um conceito limitado, miope, de racionalidade, servir de instrumento para Regimes Totalitários.

§41. A sociedade capitalista é a sociedade da reificação, palavra formada pela idéia de *res* (coisa) e que significa coisificação, ou transformação de qualidades em números. A própria Moral, quando atingida, torna-se número em indenizações pecuniárias. E como Locke, e posterioremente Marx, explicitaram, as horas de trabalho de uma pessoa (e, portanto, parte de seu tempo) são uma propriedade que ela carrega consigo e que é passível de troca. Quantificar, portanto, é a palavra de ordem do Capitalismo.

§42. Racionalizar está diretamente interligado a quantificar, uma vez que a razão trabalha por processos de soma e subtração - mesmo quando estamos a dividir (várias subtrações) ou multiplicar (várias somas) - de algo que é dado e estático, como os números.

§43. Para o funcionamento da estrutura estatal, torna-se necessário atribuir números aos indivíduos. Recebemos um número de registro geral ao nascermos; o Estado identifica seus contribuintes por números; e, no extremo, podemos dizer que o

Estado atribui número aos presos como forma de ataque a própria identidade deles, em um processo de ressocialização que gera dúvidas quanto a sua eficácia ao despersonalizar o indivíduo. Os números são importantes para a estruturação do Estado também no sentido de que possibilitam decisões políticas mais consistentes com a realidade, inclusive no que diz respeito às políticas voltadas para Direitos Humanos. Seria incoerente, do ponto de vista governamental, não pesquisar onde tais direitos estão sendo desrespeitados com maior intensidade a fim de implantar políticas que os protejam.

§44. Porém, a desconsideração de elementos qualitativos por parte do Estado (a desconsideração dos indivíduos em si mesmos em detrimento dos indivíduos enquanto números) mostrou-se muito perigosa se levada ao extremo, pois, basicamente, apesar de necessária para o funcionamento do Estado, pode ser utilizada como justificativa e instrumento para a perpetração de crimes, como ocorreu nos Estados Totalitários. Um Estado altamente burocrático é um Estado no qual um indivíduo é excessivamente despersonalizado, em que os processos possuem muito mais importância do que possuem os indivíduos; é um Estado que não possui rostos e que, portanto dificulta a atribuição de responsabilidades, como se os processos fossem os únicos responsáveis pelas ações dos indivíduos, de modo as determinar por completo. No Holocausto, em que milhares foram mortos, os assassinos, que ocupavam cargos no Governo, procuraram se defender da atribuição de responsabilidade invocando, dentre outros, o argumento de que eram apenas "dentes de uma engrenagem", dentes de um grande Estado Burocrático, um Estado sem rostos.

45. Assim, aquela interligação entre racionalidade e quantificação precisa ganhar um novo contorno, e a filosofia de Dworkin pode ajudar. Podemos dizer, apropriando-se de algumas idéias deste pensador (sem, no entanto, ser fidedigno ao seu sistema), que a racionalidade não visa apenas calcular, mas, também, que ela visa a maximização do bem estar geral por meio de um equilibrío pelo qual a maioria se satisfaz sem que, ao mesmo tempo, atente-se a um status mínimo de igualdade, o qual para a minoria deve ser resguardado. A despersonalização, causada pela racionalização,

assim, passa a estar vinculada não apenas a um fim, mas, também, a limites.

*
* *

8. Eficácia do Direito e Legitimidade da Ordem Jurídica

§46. A Eficácia relaciona-se com a noção de o Direito poder modificar uma situação, um *status quo*, entre dois ou mais indivíduos; ou seja, de produzir os efeitos que a norma, quando foi feita, visava produzir. Já Legitimidade relaciona-se a noção de quem deve dizer o direito, de quem deve aplicar as normas aos casos concretos e do próprio processo de criação da norma, o qual pode não ter sido legítimo, porque desrespeitou um processo positivamente previsto.

§47. Também é interessante notar que Legitimidade, pela idéia de Democracia, tem a ver com o seguinte mecanismo: quem faz a norma é, diretamente ou indiretamente, a mesma pessoa que por ela vai ser governada. Em uma Ditadura, por exemplo, as normas emanadas podem ser consideradas sem validade, porque sem consentimento majoritário do povo (de acordo com um pensamento pautado na idéia de Soberania Popular).

§48.   Assim, quando a legitimidade de uma norma é vista sob a perspectiva Política, pode-se dizer que a questão orbita em torno de quem produz a norma e de quem a segue. Um monarca pode produzir normas para os cidadãos, assim como os cidadãos, por meio de seus representantes ou diretamente, podem eles mesmos produzir as normas que irão seguir. Vê-se, neste sentido, que a questão da legitimidade também orbita ao redor do Regime Político (Monarquia, Democracia...) e das Revoluções.

§49.   Geralmente, mas não necessariamente, mudanças de Regimes Políticos estão relacionadas a Revoluções, ou seja, mudanças estruturais, e, muitas vezes, mudanças principiológicas. Uma norma emanada em um Estado Liberal, segunda a qual a liberdade do indivíduo está restrita demasiadamente pelo interesse coletivo, é uma norma que conflita com o principio estruturante de um modelo de Estado como este, devendo, por isto, ser considerada inválida; O inverso também é verdade: Uma norma emanada em um Estado Social, segundo a qual a liberdade do indivíduo está restringindo demasiadamente o interesse coletivo, é uma norma que conflita com o princípio estruturante de um modelo de Estado como este, devendo, por isto, ser considerada inválida.

§50. Interessante notar, também, que a questão da legitimidade está eivada pela Moralidade, pois uma interpretação de uma norma pode ser passível de considerá-la como inválida, e outra interpretação de a considerar válida, apenas com base em uma diferença de valores dos julgadores, e não com base na coerência da norma com o todo positivado do ordenamento jurídico, a qual pode estar presente em ambas as interpretações.

§51. E quando a legitimidade de uma norma é vista sob a perspectiva Jurídica, o positivismo é o que deve imperar. Em outras palavras: a norma é valida se corretamente produzida dentro da estrutura constitucional; dentro dos princípios e normas básicas de um Ordenamento já posto; revoluções, neste caso, não importam. E o que importa em relação a Regimes Políticos diz respeito apenas a verificação do seguimento das normas a estes atinentes. Segurança Jurídica é um termo que ganha destaque neste cenário positivista.

§52. Note-se que ambas as perspectivas são importantes para se refletir acerca da legitimidade de normas, ou da própria Ordem Jurídica como um todo, pois, se por uma perspectiva, podemos dizer que se guarda o espírito crítico as normas postas, de modo a adequá-las ao máximo à equidade (uma razão que remodela as normas positivas, nas palavras de Aristóteles), por outra perspectiva, podemos dizer que se guarda a lógica e coerência exigidas por qualquer Ordem de normas.

*
* *

9. Direito como Técnica e como Ética

§53. A técnica pressupõe um conjunto de conhecimentos e um distanciamento de valores éticos. Por isto, a idéia de a Ciência ser avalorativa é tão difundida. O positivismo é uma compreensão do Direito que o encara enquanto pura técnica. Não é a toa que Kelsen possui como título de uma de suas grandes obras "Teoria Pura do Direito".

§54. No entanto, Ética - que pode ser adquirida pela experiência ou encontrada em esquemas racionais, esquemas *a priori* (antes da experiência) - tal Ética diz respeito ao modo como os indivíduos conduzem suas ações em relação aos outros. Por isto a expressão, utilizada por diversas religiões e filósofos: "Não faças aos outros o que não queres que te façam".

§55. Na Antiguidade, Aristóteles, em livro que dedicou a seu filho, "Ética à Nicômaco", traz uma ênfase no lado experiencial da Ética ao mesmo tempo que traz uma ênfase no lado Racional. A justiça, tema tratado no Capítulo V deste Livro, irá ser algo tanto da equidade, da proporção, quanto do seguimento da lei positiva e das normas que os homens fazem diferentemente uns com os outros, as quais estão presas a um espaço e um tempo determinados. Assim, se por um lado, têm-se a equidade (que inclusive modifica a lei escrita, para torná-la mais justa) representando o lado racional, por outro, têm-se, no pensamento Aristotélico, um lado de respeito ao que é acordado enquanto lei pelos homens; um lado de que a Ética é fruto do aprendizado; um lado que põe um peso na experiência a partir da consideração de que uma ação injusta não é suficiente para tornar um homem, que possui o costume de agir justamente, em uma pessoa injusta.

§56. O pensamento de Aristóteles sobre Ética envolve ponderação, envolve ser proporcional; envolve não apenas razão, mas também experiência.

§57. Já na Modernidade, Kant estabelecerá uma ênfase no lado racional da Ética, de como os indivíduos devem se portar, conforme preceitos extraídos da nossa própria razão. Em texto intitulado "Por um suposto direito de mentir por amor a Humanidade", o filósofo do idealismo alemão irá dizer que nossas condutas não devem se pautar nas consequências não previstas que elas trarão, mas, apenas, nos preceitos existentes, e que podemos consultar, em nossa própria razão (especialmente, neste texto, no que diz respeito a não mentir). O texto kantiano conta que um bandido, em busca de sua vítima, bate na porta da casa do amigo da vítima, que é o local onde esta está se escondendo. Ao abrir a porta, e ser perguntado pelo bandido se a sua vítima estava escondida naquela casa, Kant sustenta que tal amigo deveria dizer a verdade, sendo, qualquer consequência advinda desta ação, algo que não tem importância, justamente, por fazer este algo parte do mundo *a posteriori*, e não do mundo *a priori*, ou seja, por fazer parte do mundo experiencial, e não de um mundo formal, ideal, *noumenal*; a eventual morte, da potencial vítima, não deve importar para o indivíduo tomar a atitude de falar onde a mesma se encontra. O que importa é que é um comando racional que o indivíduo diga a verdade, é um imperativo categórico. Vê-se, portanto, como se busca, ao extremo, o lado Racional na Ética.

§58. O pensamento de Kant sobre Ética envolve extremismo, idealismo, apriorismo e, por isto, pode ser chamado de deontológico, em contraposição a um pensamento consequencialista, o qual sempre busca verificar os efeitos que uma ação irá engendrar.

§59. As questões que, então, podemos colocar neste ponto da reflexão, são: O Direito é uma técnica, que deve estar ausente de valores éticos, sejam estes oriundos de conclusões que chegamos pela consulta de nossa razão, sejam estes oriundos de nossa experiência e de um constructo histórico? Ou o Direito é um técnica que precisa levar em consideração tais valores para ser aplicada? É possível um Direito que não seja Ético?

§60. Miguel Reale nos deu uma perspectiva interessante para refletirmos sobre estas questões: para ele, a aplicação do Direito deve levar em consideração as dimensões do Fato, do Valor e da Norma (tridimensionalismo jurídico). Neste sentido, a Ética não pode estar dissociada do Direito, independentemente desta Ética ser uma Ética mais aristotélica do que kantiana, por exemplo. Neste sentido, quando o Juiz aplica uma técnica de verificação da validade de uma norma, uma técnica jurídica, ele, ao mesmo tempo, deve levar em consideração os valores que carrega consigo em relação àquele fato.

§61. A técnica sem Ética, sem um dever auto-imposto (um dever de consciência), é perigosa na medida em que não possui freios. Assim, como também pode ser perigosa uma Ética Nazista. Importante notar, então, que a consideração do Direito enquanto técnica avalorativa não é o único modo de se verificar perigo na utilização de instrumentos jurídicos, o que implica em considerarmos a importância da experiência, da História, para verificarmos as Éticas que foram causas de crimes e atentados contra a dignidade do ser humano.

*
* *

10. O fundamento axiológico dos Direitos Humanos e sua vigência universal

§62.   Axiologicamente, os direitos humanos estão relacionados à idéia de dignidade humana, a qual foi estruturada por Kant, na Idade Moderna, apesar de, até mesmo em princípios religiosos, "como não fazer aos outros o que não queremos que nos façam", podermos encontrar a noção de direitos humanos.

§63.   Dignidade Humana significa, para Kant, a impossibilidade de se atribuir valores, preços, aos seres humanos. Assim, não podemos mensurar um ser humano, relativizando-o e, portanto, podendo-o utilizar como meio.

§64.   A dignidade que portamos consiste em um valor íntimo, ou seja, em um valor não passível de troca. Por isto, um ser humano é um fim em si mesmo, não um meio, o que faz com que cada um de nós seja singular, único, ao mesmo tempo que fazemos parte de uma dimensão universal que nos dá o elemento de humanidade. No vocabulário jurídico, a noção de dignidade deve ser compreendida ao lado da noção de infungibilidade.

§65. Ocorre que não basta reconhecer os direitos humanos; não basta reconhecer que todo e qualquer indivíduo, por ser humano, comporta direitos inerentes a sua pessoa, que não podem ser separados (porque constitutivamente juntos estão com o indivíduo); é preciso proteger os direitos humanos, consistindo nesta proteção a vigência de tais direitos e, consequentemente, a vigência do respeito à dignidade humana, cujo mero reconhecimento racional não implica em sua garantia.

§66. Hannah Arendt nos mostrou que os apátridas da Segunda Guerra, por terem deixado de ser cidadãos, deixaram de ter seus direitos humanos protegidos. Por isto, a temática dos direitos humanos encontra-se relacionada intimamente com a temática da cidadania e da soberania. Os órgãos internacionais, como o Tribunal Penal Internacional, também são um exemplo de proteção dos Direitos

Humanos; em vez da proteção se concretizar apenas em um nível nacional, com os órgaos internacionais, a proteção dos direitos humanos acaba por se concretizar, também, em um nível global.

§67. Portanto, pautados em Kant e Arendt, podemos dizer que *(i)* axiologicamente, os direitos humanos residem na idéia de dignidade humana, a qual reflete a singularidade de cada indivíduo; e *(ii)* que, historicamente, os direitos humanos precisam ser não apenas reconhecidos, mas, acima de tudo, garantidos, pois dar vigência a eles e, consequentemente, para a dignidade humana, significa, justamente, tornar a proteção de tais direitos viável.

§68. Por fim, vale fazer a ressalva de que é possível dizer que os valores não são imutáveis, como no esquema kantiano, mas que eles são construídos no tempo, sendo afirmados historicamente, como no esquema da Filosofia do Direito de Miguel Reale (historicismo axiológico).

*
* *

Adendo

A Arte de Questionar
(para melhor entender elementos de justiça)

Uma mãe é imparcial com o filho?

Um juiz com fome está sereno?

Preferes um juiz ateu ou um juiz religioso?

É sábio seguir sempre a maioria?

É sábio seguir sempre a minoria?

Um juiz cético é melhor para o Estado ou para o cidadão?

É regra o maior sempre abusar?

Você já matou um inseto desnecessariamente?

Em última instância, está uma máquina ou um ser humano a julgar?

Quais decisões estão sendo automatizadas por robôs?

Você conheceu alguém que já nasceu pronto?

Existe juiz sem história?

Esquecemos de nossos erros e, por vezes, os repetimos no futuro?

Os operadores do Direito devem ser homens e mulheres de fé?

Hitler foi um homem de fé?

Alguns poucos humanos podem destruir o planeta e a espécie com o poder bélico existente?

É possível controlar sem entender?

O que você precisa saber de alguém para manipular esta pessoa?

Quando um Ministro do Supremo Tribunal deve suspender uma norma positivada, logo após esta ter sido feita pelo Congresso Nacional?

Qual a diferença entre o advogado experiente e o novato idealista?

Se todo cidadão é humano, pode-se dizer que todo humano é cidadão?

*
* *

www.ingramcontent.com/pod-product-compliance
Lightning Source LLC
Chambersburg PA
CBHW031551210526
45464CB00003B/1262